BEI GRIN MACHT SICH IHR WISSEN BEZAHLT

AF167098

- Wir veröffentlichen Ihre Hausarbeit,
  Bachelor- und Masterarbeit

- Ihr eigenes eBook und Buch -
  weltweit in allen wichtigen Shops

- Verdienen Sie an jedem Verkauf

Jetzt bei www.GRIN.com hochladen
und kostenlos publizieren

Bibliografische Information der Deutschen Nationalbibliothek:

Die Deutsche Bibliothek verzeichnet diese Publikation in der Deutschen National-bibliografie; detaillierte bibliografische Daten sind im Internet über http://dnb.d-nb.de/ abrufbar.

Impressum:

Copyright © 2019 GRIN Verlag
Druck und Bindung: Books on Demand GmbH, Norderstedt Germany
ISBN: 9783346012159

Dieses Buch bei GRIN:

https://www.grin.com/document/497400

Jakob Stähle, Patrycja von Fragstein

Vertrieb 4.0. Die Digitalisierung des Vertriebs

GRIN Verlag

GRIN - Your knowledge has value

Der GRIN Verlag publiziert seit 1998 wissenschaftliche Arbeiten von Studenten, Hochschullehrern und anderen Akademikern als eBook und gedrucktes Buch. Die Verlagswebsite www.grin.com ist die ideale Plattform zur Veröffentlichung von Hausarbeiten, Abschlussarbeiten, wissenschaftlichen Aufsätzen, Dissertationen und Fachbüchern.

Besuchen Sie uns im Internet:

http://www.grin.com/

http://www.facebook.com/grincom

http://www.twitter.com/grin_com

FOM Hochschule für Ökonomie und Management Essen

Standort München

Berufsbegleitender Studiengang

Bachelor of Business Administration (BBA)

5. Semester (SS 2019)

Seminararbeit im Modul Vertriebsmanagement

„Vertrieb 4.0 – Die Digitalisierung des Vertriebs"

Autoren: Stähle, Jakob; von Fragstein, Patrycja

Abgabedatum: 10.07.2019

Inhaltsverzeichnis

Abkürzungsverzeichnis

1.   Einleitung

Die Auswirkungen der Digitalisierung auf unsere Gesellschaft und unsere Wirtschaft sind massiv. Die Industrie 4.0 bestimmt durch Digitalisierung und Automatisierung die Produktion der Zukunft und Arbeit 4.0 erlaubt uns flexibel und ortsungebunden zu arbeiten. Aber auch auf den Vertrieb hat die Digitale Revolution Auswirkungen. Um in der sich immer schneller verändernden Gesellschaft nicht den Anschluss zu verlieren, muss sich der Vertrieb den neuen Gegebenheiten anpassen. Der Kunde hat veränderte Ansprüche, ist kritischer und informierter als früher. Vertrieb 4.0 ist dabei nicht nur computergesteuertes Verkaufen oder die Entwicklung eines Online-Shops. Die Digitalisierung ist ein Gesamtkonzept, das zur Chefsache geworden ist.[1]

Eine Studie von Google und Roland Berger aus dem Jahr 2015 mit 2.700 befragten Vertriebsverantwortlichen in Deutschland hat herausgefunden, dass 60 Prozent der Befragten der Meinung sind, ein digitalisierter Vertrieb sei für ihr zukünftiges Geschäft ausschlaggebend[2]. Allerdings haben nur 42 Prozent die Digitalisierung des Vertriebs als strategisches Ziel aufgenommen, 33 Prozent sollen noch nicht mal eine Möglichkeit zur Online-Bestellaufgabe anbieten.[3] Hinzu kommt, dass die Gesellschaft immer länger Online ist. Die Onlinezeiten in Deutschland sind von 40,1 Wochenstunden im Jahr 2015 auf 46,2 Wochenstunden in 2018 angestiegen. In der Generation der Digital Natives, die mit dem Internet aufgewachsen und zwischen 18 und 34 Jahre alt sind, beträgt die Internetnutzung durchschnittlich 58,7 Stunden pro Woche.[4] Digital Natives stellen inzwischen fast 50 Prozent der Einkaufsverantwortlichen in deutschen Unternehmen.[5] Die alltägliche Nutzung des Internets durch die Digital Natives führt zwangsläufig auch zu einer digitalen Unterstützung sämtlicher Entscheidungsprozesse.[6] Die Digitalisierung findet unaufhaltsam statt und Unternehmen müssen reagieren und neue Strategien entwickeln, um nicht abgehängt zu werden.

Doch wie wirkt sich die Digitalisierung auf den Vertrieb aus, wie kann eine digitale Strategie umgesetzt werden und welche Chancen und Risiken ergeben sich aus der Digitalen Transformation? Die vorliegende Arbeit soll in kurzer und prägnanter Form

---

[1] Vgl. *Hoffmann, D.*, Digitalisierung (2017).
[2] Vgl. *Roland Berger GmbH*, Zukunft (2015), S. 4.
[3] Vgl. Ebenda, S. 8.
[4] Vgl. *Postbank*, Digitalstudie (2018).
[5] Vgl. *Lässig, R.*, B2B-Vertrieb (2015).
[6] Vgl. *Roland Berger GmbH*, Zukunft (2015), S. 6.

einen Überblick über den Vertrieb 4.0 und die Möglichkeiten der Digitalisierung gewähren, wobei sie aufgrund der Komplexität des Themas keinen Anspruch auf Vollständigkeit erhebt.

In Kapitel 2 wird die historische Entwicklung des Vertriebs kurz betrachtet und ein Blick auf den Kunden in Zeiten der digitalisierten Welt geworfen. Anschließend wird tiefer auf die neuen Technologien im Vertrieb eingegangen. In Kapitel 4 behandelt diese Arbeit die Chancen und Risiken, die sich aus der Digitalisierung und den neuen Technologien für den Vertrieb ergeben, bevor eine kritische Würdigung der Zukunftsaussichten des Vertriebs vorgenommen wird.

2. Vertrieb im Wandel

Jede technologische Neuerung hat immensen Einfluss auf unsere Gesellschaft und auf die Wirtschaft. Die Revolutionen des Vertriebs folgen hier aber einem eigenen Zeitstrahl und hängen den klassischen industriellen Revolutionen immer ein paar Jahrzehnte hinterher.[7] Doch die, in Kapitel 2.1. zu behandelnden, Anpassungen des Vertriebs an neue Technologien stellen nur eine Seite des digitalen Wandels dar. In Kapitel 2.2 wird der sich wandelnde Kunde als weiterer Aspekt der vertrieblichen Weiterentwicklung betrachtet.

2.1. Vertrieb von 1.0 zu 4.0

Mit Vertrieb 1.0 beginnt der professionelle Verkauf an große Zielgruppen zu Zeiten des Wirtschaftswunders von den 1940er bis in die 1970er Jahre. Der Beginn der Massenproduktion und die Erfindung des Fließbands führen zu einer hohen Absatzleistung, die der Deckung der Nachfrage dient. Es entwickelt sich ein Verkäufermarkt zur Bedarfsdeckung, es gibt kaum Wettbewerbsdruck, da der Käufer froh ist, überhaupt ein zu seiner Nachfrage passendes Produkt zu bekommen.

Vertrieb 2.0 ist durch die sich langsam entwickelnde Informationstechnologie in den 1970er Jahren bis zur Jahrtausendwende geprägt. Es entstehen durch Überproduktion gesättigte Märkte mit Wettbewerb, da der Kunde nun aus mehreren gleichwertigen Produkten eine Wahl treffen kann.[8] Um einen gesteigerten Absatz zu haben muss man den Bedarf des Kunden besser kennen als die Konkurrenz oder

---

[7] Vgl. *Katzgruber, W. und Pförtner, A.*, Sales 4.0 (2017), S. 30.
[8] Vgl. *Marotz, M.*, Herausforderung (2017); *Pflug, K.*, Vertrieb 4.0 (o. J.).

neue Bedürfnisse geweckt und befriedigt werden. Letzteres führt auch zu einem höheren Werbedruck auf die Kunden.[9]

Das Internet führt seit der Jahrtausendwende zur dritten Revolution des Vertriebs. In Zeiten des Vertrieb 3.0 sind die Kunden die treibende Kraft. Sie können sich schneller über Wettbewerber und deren Produkte informieren, eine hohe Preistransparenz entsteht und der Electronic Commerce (E-Commerce) führt zu schnelleren Kaufentscheidungen. Der Wettbewerb wird stärker, teilweise global.[10] E-Commerce stellt den Konsumenten rund um die Uhr ein bequemes Einkaufen zur Verfügung und wird daher zu einem schnell wachsenden Vertriebschannel. Die Transparenz des Internets hat aber auch Einfluss auf den B2B Vertrieb. Preise können in kürzester Zeit verglichen werden und Produktinformationen sind online abrufbar. Der Vertriebler, der dem Kunden die Vorteile erklären muss, wird seltener benötigt und persönlicher Kontakt findet nur noch statt, um einen beidseitigen Vorteil zu erzielen.[11]

Inzwischen befinden wir uns in den ersten Zügen von Vertrieb 4.0. Die Digitalisierung der Gesellschaft führt zu einem globalen Wettbewerbsdruck auf den Kunden. Der Kunde kann sich auch ohne Verkäufer bestens vor der Kaufentscheidung informieren. Der Kundennutzen liegt nun im Vordergrund. Deshalb müssen auch die Vertriebler bestens informiert sein, um neue Needs der Kunden zu finden und schneller als der Wettbewerb zu befriedigen. Die Digitalisierung hat das Leben auch schneller gemacht, sodass der Kunde nun schnellere und passgenauere Angebote erwartet. Um dies zu gewährleisten werden kundenbezogenen Daten gesammelt und vernetzt.[12]

Der Vertrieb 4.0 zeichnet sich ähnlich der anderen Aspekte der Industrie 4.0 durch Automatisierung und computergesteuerte Prozesse aus.[13] Durch die Sammlung von Smart Data über den Kunden soll die Bedürfnisfindung schneller und zielgenauer sein und eine Bedürfnisbefriedigung gewährleisten, noch bevor der Kunden das Bedürfnis verspürt.[14]

---

[9] Vgl. *Katzgruber, W. und Pförtner, A.*, Sales 4.0 (2017), S. 30f.
[10] Vgl. *Marotz, M.*, Herausforderung (2017); *Pflug, K.*, Vertrieb 4.0 (o. J.).
[11] Vgl. *Katzgruber, W. und Pförtner, A.*, Sales 4.0 (2017), S. 31f.
[12] Vgl. *Marotz, M.*, Herausforderung (2017); *Pflug, K.*, Vertrieb 4.0 (o. J.).
[13] Vgl. *Katzgruber, W. und Pförtner, A.*, Sales 4.0 (2017), S. 27.
[14] Vgl. Ebenda, S. 32f.

Diese Digitalisierung der Prozesse, der digitale Zwilling des Kunden, soll die Kaufentscheidung am Ende der Customer Journey zu Gunsten des Unternehmens beeinflussen.

2.2.   Kunde 4.0

Doch die Digitalisierung führt nicht nur zu Veränderungen im Vertriebsprozess. Auch auf Kundenseite ändert sich das Verhalten, der Kunde wird 4.0.

Der Kunde 4.0 hat die Machtverhältnisse zu seinen Gunsten verschoben. Während früher der stationäre Handel die Verfügbarkeit durch die Öffnungszeiten und das Angebot den Kunden vorgegeben hat, erwartet es der moderne Kunde, alles und zu jeder Zeit zu bekommen, er diktiert inzwischen dem Handel die Rahmenbedingungen.[15] Der moderne Kunde ist es gewohnt seine Konsumbedürfnisse schnell zu befriedigen und sich im Voraus über das Produkt zu informieren. Er trifft seine Entscheidung anhand von den für alle Produkte und Dienstleistung online vorhandenen Bewertungsportalen und kommt nur noch bei letzten Fragen auf den Vertrieb zu, auf die er dann eine schnelle Rückmeldung fordert. Eine verspätete Reaktion würde dazu führen, dass der Kunde sich aufgrund einer schnelleren Reaktionszeit auf das Produkt des Wettbewerbers zurückgreift.[16]

Der Studie von Roland Berger zufolge, hat der Kunde 4.0 bereits über die Hälfte seines Entscheidungsprozesses, der Customer Journey, durchlaufen, bevor der Erstkontakt zum Vertrieb hergestellt wird.[17] Die Customer Journey definiert sich als der Prozess vom ersten Kaufimpuls bis zum Abschluss.[18] Sie beinhaltet alle Schritte eines Kaufprozesses, die der Kunde durchläuft, bevor er sich zum Kauf entscheidet. Hierbei kommt es auf regelmäßige Kontaktpunkte mit dem Produkt an. In einer digitalen Welt kommt es zu immer mehr dieser Kontaktpunkte[19], auch vor dem Hintergrund der steigenden Nutzungszeiten des Internets.

Die Customer Journey nimmt aufgrund der Verschiebung des Informationsprozesses weg vom klassischen Handel zu Bewertungsplattformen im Internet durch den Kunden 4.0 einen wichtigen Stellenwert für die zukünftige Ausrichtung des Vertriebs

---

[15] Vgl. *Ternès, A.*, Kunde 4.0 (2018), S. 38–40; *Ruske, N.*, Digitalisierung (2019), S. IV f., im Anhang I.
[16] Vgl. *Katzgruber, W. und Pförtner, A.*, Sales 4.0 (2017), S. 67.
[17] Vgl. *Roland Berger GmbH*, Zukunft (2015), S. 6.
[18] Vgl. *Böcker, J.*, Customer Journey (2015), S. 167.
[19] Vgl. *Schmidt, T.*, Reise (2017).

ein.[20] Um die Customer Journey positiv zu beeinflussen bedarf es neuen Technologien im Vertrieb, auf die im Folgenden eingegangen werden soll.

3. Erfolgsfaktoren der Digitalisierung im Vertrieb

Wie aus dem vorherigen Kapitel hervorgeht, hat sich der Vertrieb aufgrund der rasanten Digitalisierung in den letzten 30 Jahren stark verändert und weiterentwickelt. Dieser Fortschritt stellt viele Unternehmen vor neue Herausforderungen, für die der Einsatz neuer technischer Lösungen von Nöten ist. Damit dieser Megatrend erfolgreich umgesetzt und implementiert wird, spielen viele Faktoren eine wichtige Rolle.[21] Im Folgenden werden die Führungskräfte als eine der wichtigen treibenden Kräfte angesehen, die mit Hilfe von verbesserten Instrumenten wie dem Customer Relations Management (CRM) und dem E-Commerce zum Erfolg der Digitalisierung im Vertrieb beitragen.

3.1. Führungskräfte

Der Vertrieb befindet sich im Change-Prozess und um diesen Weg mitgehen zu können, müssen die Mitarbeiter neue Fertigkeiten und Fähigkeiten erwerben. Die Aus- und Weiterbildungen in dem Bereich müssen von den Führungskräften unterstützt und gutgeheißen werden. Eine systematische Anpassung und Neuausrichtung aufgrund der Digitalisierung sind unabwendbar.[22] In Zukunft sind neue und unterschiedliche Vertriebsfähigkeiten notwendig und diese müssen weiter ausgebaut und verbessert werden. Die Qualifikation der Vertriebsmitarbeiter führt zu einem erfolgreichen digitalen Wandel.[23]

Es liegt in den Händen der Vorgesetzten, die Mitarbeiter im neuen vertrieblichen Zeitalter zu navigieren, moderieren und das Richtige zu kommunizieren.[24] Sie müssen die Mitarbeiter abholen und die Möglichkeiten neuer Technologien identifizieren. Die Führungskräfte müssen den Weg aus ihren alten Rastern finden. Da die Digitalisierung das Potenzial der Stärkung der Wettbewerbsfähigkeit, des Unternehmensumsatzes und Unternehmensimages mit sich trägt, ist es eine Chefsache.

---

[20] Vgl. *Böcker, J.*, Customer Journey (2015), S. 169.
[21] Vgl. *Elste, R. und Binckebanck, L.*, Digitalisierung (2017), S. 909ff.
[22] Vgl. *Boeck, J.*, Vertrieb (2018).
[23] Vgl. *Binckebanck, L.*, Technologien (2015), S. 48. Und Nick V f.
[24] Vgl. *Dettmers, S.*, Führungskraft (2018).

Somit zeigt sich, dass es keine digitale Transformation ohne digitalen Kulturwandel gibt. Die Führungskräfte heute müssen diesen weiterhin mitgestalten und begleiten. Diese neue Führungsära beginnt mit dem Grundstein der Schaffung einer attraktiven digitalen Arbeitsumgebung und geht über in die Befähigung der ganzen Belegschaft. In dem Team werden Schlüsselpersonen festgelegt, die mit vertieften digitalen Fähigkeiten ausgestattet werden. Der nächste Schritt ist die Ausweitung der Transformation auf alle Unternehmensebenen, die den Kulturwandel einleiten. Ist dieser Schritt erfolgreich umgesetzt worden, kann eine digitale Agenda entwickelt und gelebt werden. Der oberste Punkt ist die Betreuung der Digitalisierung durch den Vorstand oder Geschäftsführung.[25]

3.2. CRM

Zwar sind die Führungskräfte die treibende Kraft in der Phase der digitalen Transformation, sie können es jedoch nicht ohne die richtigen Instrumente umsetzten. Ein solches Instrument ist das CRM. Es bedeutet, dass die Beziehungen und Interaktionen von vor allem bestehenden Kunden und auch potenziellen Kunden richtig verwaltet und gepflegt werden.[26] Wir leben in einem schnelllebigen Zeitalter, in dem das Leben immer komplizierter und komplexer wird. Technologische Lösungen wie CRM-Systeme sollen die voranschreitende Digitalisierung und Globalisierung einfach halten und unsere neu entdeckten Aufgabengebiete unterstützen.[27]

Der Kunde ist der entscheidende Erfolgsfaktor, der über den Erfolg der Digitalisierung in den Unternehmen entscheidet. In der heutigen Zeit sind die Kunden mobil und immer online.[28] Die Kommunikation zwischen dem Unternehmen und dem Kunden hat sich stark verändert und erfolgt quasi in Echtzeit. Das ist der wichtigste Grund, weshalb die Qualität des Kundenbeziehungsmanagements sichergestellt und ständig verbessert werden muss.[29]

Langfristige Geschäftsbeziehungen müssen aufgebaut und von den Vertriebsmitarbeitern gut betreut werden. Das CRM-System ist hierfür die entscheidende Schnittstelle zwischen vielen Unternehmensbereichen mit nahezu allen benötigten Informationen bezüglich der Kundenbeziehung. Steigerung des Umsatzes und der

---

[25] Vgl. *Bundesverband Deutscher Unternehmensberater e.V.*, Führung (o.J.).
[26] Vgl. *Bott, G.*, CRM (2019).
[27] Vgl. *Helmke, S. u.a.*, Grundlagen (2017), S. 6.
[28] Vgl. *Ternès, A.*, Digitalisierung (2018), S. 20.
[29] Vgl. Ebenda, S. 22.

Kundenzufriedenheit durch eine höhere und gut optimierte Kundenorientierung sind die Ziele eines jeden Unternehmens. Somit wird auch ein entscheidender Wettbewerbsvorteil gesichert.[30]

Es gibt drei Einsatzbereiche des CRM: operatives CRM, kommunikatives CRM und analytisches CRM. Beim operativen CRM handelt es sich um alle Methoden für die Unterstützung des direkten Kundenkontakts des Vertriebsmitarbeiters. Die Optimierung der Geschäftsprozesse und des Dialogs ist der höchste Anspruch. Beispiele hierfür sind der Kundenservice oder die Einbindung eines Enterprise Ressource Planning Systems (ERP). Das kommunikative CRM befasst sich mit den Funktionen der Steuerung, Unterstützung und der In-Einklang-Bringung aller Kommunikationskanäle mit dem Kunden. Dies soll eine effektive und effiziente Kommunikation ermöglichen, was durch den Einsatz von Call-Centern, Emails oder dem Außendienst erreicht wird. Das analytische CRM wiederum beschäftigt sich mit der Erhebung und Auswertung von Kundendaten. Eine Grundlage hierfür bietet das Data Warehouse und hilft dabei die gewonnenen Erkenntnisse umzusetzen.[31]

Alle diese Funktionen ermöglichen es die Profitabilität und Rentabilität des Unternehmens zu erhöhen und den Kundenkontakt und dessen Betreuung zu verbessern und langfristig zu sichern.[32]

3.3. E-Commerce

Ein weiteres wichtiges und erfolgsbringendes Instrument der Digitalisierung ist das E-Commerce. Es bedeutet, dass alle relevanten Geschäftsprozesse zwischen dem Kunden und dem Unternehmen online stattfinden. Hierfür müssen vorab alle unternehmensinternen Prozesse elektronisch integriert werden.[33] Dieses Tool beinhaltet die elektronische Unterstützung von Aktivitäten, die im Verhältnis zum Kauf und Verkauf stehen.[34]

Das E-Commerce ist ein Teilbereich des E-Business, welches sich auf unternehmensinterne und -übergreifende Geschäftsprozesse bezieht.[35]

---

[30] Vgl. *Helmke, S. u.a.*, Grundlagen (2017), S. 7; *Ruske, N.*, Digitalisierung (2019), S. V f., im Anhang I.
[31] Vgl. *Helmke, S. u.a.*, Grundlagen (2017), S. 11ff.
[32] Vgl. *Katzgruber, W. und Pförtner, A.*, Sales 4.0 (2017), S. 207ff.
[33] Vgl. *Digital Sales*, E-Commerce (2017).
[34] Vgl. *Aichele, C. und Schönberger, M.*, E-Business (2016), S. 35.
[35] Vgl. Ebenda, S. 36.

In den letzten Jahren hat sich der Anteil der online Einkäufe erheblich gesteigert und diese Quote steigt weiterhin an. Mit der Einbindung der Smartphones an das Internet haben sich ganz neue Möglichkeiten und Wege des Einkaufens gebildet. Die Kunden können jetzt ganz einfach von zu Hause aus oder unterwegs zu jeder Tageszeit die Unternehmen und deren Produkte online vergleichen und kaufen.[36] Die Wirtschaft wird immer transparenter und erfordert eine stetige Informationsweitergabe seitens der Unternehmen.[37]

Beim E-Commerce handelt es sich um einen Verkauf ohne physische Anwesenheit von Verkäufern beim Kunden. Somit entfallen Kosten, die Effizienz und der Umsatz der Unternehmen steigen. Heutzutage gibt es immer weniger physische Marktplätze, da diese durch die digitalen Marktplätze ersetzt werden. Dadurch hat sich auch ein ganz neuer Markt an digitalen Produkten gebildet.[38]

Das E-Commerce ermöglicht eine schnelle und einfache Abwicklung der Geschäfts-prozesse und unterstützt die traditionellen Transaktionen. Große Vorteile hierbei sind unter anderem die Bequemlichkeit der Interaktionen zwischen den Interessens-gruppen, eine zeitnahe Bearbeitung der Kundenanliegen, ein schneller und unkomplizierter Informationsaustausch durch die Nutzung verschiedener Medien und der Rundum-Service zu jeder Tageszeit.[39]

4.   Chancen und Risiken der Digitalisierung

In den vorherigen Kapiteln wurde die Transformation des Vertriebs und die Faktoren für eine erfolgreiche Digitalisierung im Vertrieb beleuchtet. Wie wichtig eine digitale Strategie ist, haben 60 Prozent der Befragten der Roland Berger erkannt[40]. Die digi-tale Transformation birgt wie jede Veränderung Risiken für das umsetzende Unternehmen, bietet aber gleichzeitig große Chancen.

4.1.   Risiken und Herausforderungen der Digitalisierung

Die Herausforderungen, mit denen sich Unternehmen auseinandersetzen sollten, gestalten sich sowohl finanziell als auch in der Kommunikation und der Umsetzung des Vorhabens.

---

[36] Vgl. *Digital Sales*, E-Commerce (2017).
[37] Vgl. *Helmke, J.*, E-Commerce (2017), S. 222.
[38] Vgl. *Aichele, C. und Schönberger, M.*, E-Business (2016), S. 38.
[39] Vgl. *Digital Sales*, E-Commerce (2017).
[40] Vgl. *Roland Berger GmbH*, Zukunft (2015), S. 4.

Grundsätzlich birgt jedes Projekt das Risiko einer Fehlinvestition. Beispielsweise muss bei der Einführung eines CRM-Systems vorab genau geplant werden, was es können soll. Wenn man die einzelnen Module und Funktionen des CRM-Systems nicht bereits bei der Entwicklung auf den Bedarf des Unternehmens anpasst, kommen durch Änderung des Funktionsumfangs weitere Kosten auf das Unternehmen zu[41]. Ungenutzte, weil nicht benötigte, Funktionen führen zu sunk costs[42], die hätten gespart werden können. Im Extremfall ist das System nicht auf die Prozesse des Unternehmens angepasst und komplett nutzlos. Ein komplexes Projekt wie die Einführung einer digitalen Vertriebsstrategie, bedarf einer genauen Planung zur Risikominimierung. Ein Schnellschuss, um die teilweise lange Implementierungsdauer eines neuen CRM-Systems zu reduzieren, führt zu einem höheren Fehlinventionsrisiko.

Im Rahmen des CRM liegt ein weiteres Risiko für ein Unternehmen in einer schlechten Datenqualität.[43] Das beste CRM-System ist nur so nützlich, wie die Daten und die Wiederauffindbarkeit eines Kontaktes in selbigem. Allerdings sind Datensätze viel zu häufig veraltet oder unvollständig.[44] Eine schlechte Datenqualität im CRM-System führt dazu, dass Statistiken nicht oder nur wenig aussagekräftig sind. Darüber hinaus verringern sie die gezielten Touchpoints, wodurch die Customer Journey schlechter zu steuern ist und die Beziehung zum Kunden schwerer aufzubauen ist.[45] Führungskräfte, als einer der Erfolgsfaktoren der Digitalisierung des Vertriebs, sollten hier Einfluss auf ihre Mitarbeiter nehmen, um eine entsprechende Qualität des Datenbestandes zu sichern.[46]

Eine weitere Herausforderung an den digitalen Vertrieb liegt neben der Datenqualität auch im Datenschutz. Spätestens seit der Einführung der neuen Datenschutzgrundverordnung im Mai 2018 ist die Verwendung von Kundendaten ein heikles Thema. Die DSGVO erstreckt sich auf sämtliche personenbezogene Daten einer natürlichen Person, also auch auf die Daten des Einkäufers.[47] Um einen Kaufinteressenten zum Kunden zu machen muss der Vertrieb die Customer Journey durch Touchpoints beeinflussen und hierzu die Daten des Kunden verarbeiten. Eine genaue

---

[41] Vgl. *Katzgruber, W. und Pförtner, A.*, Sales 4.0 (2017), S. 207ff.
[42] Unter sunk costs verstehen die Autoren Kosten, die bei der Realisierung des Projektes bereits angefallen sind und bei Aufgabe desselbigen nicht erstattet werden.
[43] Vgl. *Katzgruber, W. und Pförtner, A.*, Sales 4.0 (2017), S. 33.
[44] Vgl. *Hanning, U.*, Datenqualität (2019), S. 41.
[45] Vgl. *Sieber, S.*, Datenmangement (2018), S. 32.
[46] Vgl. *Katzgruber, W. und Pförtner, A.*, Sales 4.0 (2017), S. 237f.
[47] Vgl. *Stelz, H.*, B2B (2019).

Datenschutzstrategie, beispielsweise durch das Double-Opt-In-Verfahren, bei dem der Kunde der Verarbeitung seiner Daten zur Angebotserstellung aktiv zustimmt, sowie das Einsetzen eines Datenschutzbeauftragten verringern hier das Risiko eines Verstoßes. Auch eine hohe Transparenz der datenrelevanten Vorgänge schafft zusätzliches Vertrauen.[48]

Besonders die Einführung einer E-Commerce Plattform birgt das Risiko des Verlustes der persönlichen Kundenbeziehung des Vertriebsmitarbeiters. Obwohl der Kunde 4.0 den größten Teil seiner Customer Journey bereits abgeschlossen hat, bevor er den Kontakt zum Vertriebsmitarbeiter sucht, ist der persönliche Kontakt immer noch ein wichtiger Aspekt der Kundenbindung. Eine fehlende Kundenbeziehung führt zu weniger Folgeaufträgen, der Kunde muss also jedes Mal neu gewonnen werden, da ein aktives Kontakthandling durch das System nicht möglich ist. Auch fehlt das Empfehlungsmarketing des Kunden, der sich von dem Mitarbeiter betreut und verstanden fühlt. Ausserdem kann ein System kein aktives Upselling betreiben.[49] Eine ausreichend gute Datenqualität in Verbindung mit einem aktiven Kontaktierungsprozess führt zu einer Minimierung dieses Problems[50].

Ein fehlender persönlicher Kundenkontakt führt zur letzten Herausforderung der Digitalisierung. Die Kunde-zu-Kunde Kommunikation erfolgt heutzutage über eine Reihe von Bewertungsportalen. Täglich werden Produkte und Dienstleistungen online bewertet. Eine positive Bewertung führt zu einer höheren Wahrscheinlichkeit des Kaufes eines potentiellen Kunden. Allerdings teilen unzufriedene Kunden Ihre Erfahrungen eher als zufriedene. In Zeiten von Social Media führt dies zu extrem hohen Multiplikatoren, die aufgrund des fehlenden Kundenkontaktes nicht vorab behandelt werden können. Die entsprechende Diskussion ist für das Unternehmen nicht steuerbar. Ein aktiver und persönlicher After-Sales-Prozess kann das Einkaufserlebnis des Kunden positiv beeinflussen und selbigen durch aktives Ansprechen zu einer Positiven Rezension verleiten[51].

---

[48] Vgl. *Ruske, N.*, Digitalisierung (2019), S. V, im Anhang I.
[49] Vgl. *Katzgruber, W. und Pförtner, A.*, Sales 4.0 (2017), S. 27f.
[50] Vgl. *Ruske, N.*, Digitalisierung (2019), S. V, im Anhang I.
[51] Vgl. *Katzgruber, W. und Pförtner, A.*, Sales 4.0 (2017), S. 27ff, 75ff sowie 229ff.

4.2.   Chancen und Potentiale der Digitalisierung

Neben den genannten Risiken bietet uns die Digitalisierung aber auch Chancen und Potentiale.

In erster Linie bietet die Digitalisierung Flexibilität. Sowohl im Bereich flexibler Arbeitsorte als auch in der Gestaltung der Vertriebswege. Durch die Digitalisierung kann der Vertriebsmitarbeiter seine Vor- und Nachbereitungen für Kundentermine von überall aus machen. Er kann von überall auf das CRM und damit auf die Daten des Kunden zugreifen. Darüber hinaus kann er die Ergebnisse des Termins, im Anschluss an diesen direkt in die Datenbank eingeben und Angebote erstellen.[52] Der Vertrieb an sich kann flexibler auf die Anforderungen der Märkte reagieren und die Channels dahingehend auswählen, wo der größtmögliche Absatz zu erwarten ist oder direkt den Omni-Channel-Ansatz verfolgen. Auch kann schneller und flexibler auf Anfragen und Feedbacks reagiert werden.

Zusätzlich bietet die Digitalisierung durch effizientere Abläufe Potential für den Vertrieb. Der Außendienstler kann seine Route durch Programme in Echtzeit optimieren oder vorab Termine und die Route aufeinander abstimmen und planen.[53] Darüber hinaus können Angebote direkt beim Kunden erstellt werden oder zeitnah auf Anfragen reagiert werden. Wie im Kapitel über den Kunden 4.0 geschrieben, wünscht sich der digitalisierte Kunde schnelle Reaktionen und ein individualisiertes Einkaufserlebnis. Dieser Bedarf ist nur zu erfüllen, wenn sämtliche Prozesse effizient aufeinander abgestimmt sind.

Der Kunde 4.0 erhält durch die Digitalisierung des Vertriebs weitaus mehr Touchpoints zu unserem Produkt. Diese Touchpoints sind nicht mehr nur die klassische Print- oder Plakatwerbung, sondern immer mehr auch der Kunde 4.0 selbst. Als Influencer bewertet er unser Produkt und empfiehlt es unter Umständen auch seinen Zuschauern weiter. Der Influencer wird bei den Digital Natives als glaubwürdiger empfunden als die klassische Werbung.[54] Aber auch Algorithmen führen zu zusätzlichen Touchpoints. Anhand der Daten, die der Algorithmus über den Kunden hat, präsentiert er Cross- und Upselling Vorschläge. Beispielsweise zeigt Amazon dem Kunden Produkte an, die von vorherigen Käufern ebenfalls gekauft worden sind.

---

[52] Vgl. *Ruske, N.*, Digitalisierung (2019), S. V, im Anhang I.
[53] Vgl. *Atiker, Ö.*, Zukunft (2017); *Ruske, N.*, Digitalisierung (2019), S. V, im Anhang I.
[54] Vgl. *Katzgruber, W. und Pförtner, A.*, Sales 4.0 (2017), S. 75ff.

Auch auf Social-Media-Kanälen kommt es zu neuen Touchpoints zwischen Kunde und Anbieter.[55]

All diese Touchpoints führen zur nächsten Chance des digitalen Vertriebs, den zusätzlichen Kundenpotentialen. Neben Neukunden auf bestehenden Märkten, die durch die zusätzlichen Touchpoints angesprochen werden, erleichtert die Digitalisierung in Kombination mit der Globalisierung die Erschließung neuer Märkte mit bestehenden Vertriebskanälen, E-Commerce und CRM-Systemen. Auch helfen Algorithmen bei der Neukundenaquise durch Smart Data und können zukünftig den Kundenbedarf sowie den Kundennutzen automatisiert darstellen.

Zuletzt sei noch die Personalentwicklung als Chance genannt. Die Mitarbeiter des Vertriebs werden nicht zwangsläufig von der Digitalisierung verdrängt, aber es müssen neue Aufgabenfelder erschlossen und bearbeitet werden. Eine Weiterentwicklung der Mitarbeiter führt hierzu, dass Mitarbeiter, die das Unternehmen, das Produkt und den Vertrieb kennen weiterhin gebunden sind und sich um die digitale Form des Vertriebs kümmern. Diese Mitarbeiter stehen hinter dem Unternehmen und dem Produkt und sind so noch einmal mehr ein Multiplikator des Erfolgs des Unternehmens, als auch einer erfolgreichen digitalen Transformation.[56]

5.　Die Zukunft des Vertriebs

In den vorherigen Kapiteln wurde gezeigt, dass die Digitalisierung im Vertrieb einen langen Weg hinter sich hat und dass noch ein weiter Weg vor uns liegt. Der Vertrieb ist mitten im Wandel und muss sich weiterhin stetig anpassen und entwickeln, um in der modernen Wirtschaft mithalten zu können. Es können jedoch keine genauen Aussagen getroffen werden, da prognostizierte Trends weder in der vorausgesagten Dynamik, noch zu dem vorausgesagten Zeitpunkt eintreffen. Eins kann aber trotzdem festgestellt werden: es wird keinen B2B-Vertrieb ohne online-Interaktionen geben.[57]

Im folgenden Kapitel wird ein kurzer Ausblick in die Zukunft des digitalen Vertriebs gegeben. Neben Allgemeinen Entwicklungen der Führungskräfte, der Vergleichsportale und des E-Business ist ein großer Meilenstein auf diesem Weg das Customer

---

[55] Vgl. *Ruske, N.*, Digitalisierung (2019), S. V, im Anhang I.
[56] Vgl. *Ebenda, S. V f.*, im Anhang I.
[57] Vgl. *Gebhardt, C. und Handschuh, M.*, Digitalisierung (2016), S. 47.

Experience Management (CEM) und das Customer Success Management (CSM). Es ist eine Weiterentwicklung des CRM im Bereich des Beziehungsmanagements und des Kundenmehrwerts. Darüber hinaus entwickelt sich das Einkaufsverhalten in Richtung Voice Commerce und das Ziel der Unternehmen ist es, einen Digitalen Zwilling von jedem Kunden zu erschaffen.

5.1. Allgemeine Weiterentwicklungen

Wie schon im Kapitel 3.1. deutlich wurde, sind die Führungskräfte die treibende Kraft des digitalen Wandels und das werden sie auch in Zukunft bleiben. Der Vorgesetzte muss vor allem mit Empathie punkten und ein fesselndes Charisma besitzen. Er muss auf die Mitarbeiter eingehen, sie verstehen und ihnen eine Orientierung geben. Flexible Arbeitsmöglichkeiten werden weiter zunehmen, ebenso entstehen durch die Veränderungen im digitalen Vertrieb neue Anforderungen an die Vertriebsmitarbeiter und hierbei ist ein offener, verständnisvoller und vertrauensvoller Ansprechpartner die erste Anlaufstelle.[58]

Aber nicht nur die Führungskräfte müssen sich an neue Gegebenheiten bei der Führung im digitalen Zeitalter anpassen. Auch das E-Business wandelt sich. In der Digitalisierung war ein großer Schritt der Wandel zum Elektronischen Business. Der nächste große Schritt wird das M-Business sein. Darunter wird eine Beziehung auf Basis mobiler Endgeräte wie Smartphones und Tablets verstanden. Bei diesem neuen Konzept steht das Bedürfnis nach Interaktion und Mitgestaltung der Konsumenten im Vordergrund.[59] Der Hauptgedanke ist, dass die elektronischen Transaktionen jederzeit und überall mittels mobiler Endgeräte durchgeführt werden können.

Dadurch gewinnen die Vergleichsportale weiterhin an Bedeutung und werden für den Konsumenten und somit auch für die Unternehmen immer wichtiger. Diese Portale wie Check24 oder Verivox werden zu wichtigen Vertriebskanälen, da die Kunden auf die Bewertungen von anderen Verbrauchern viel Wert legen und mit ein paar Klicks bestens über das Unternehmen und dessen Produkte oder Dienstleistungen informiert sind. Dieser Trend wird sich aufgrund der demografischen Entwicklung verstärken, denn die neuen Konsumenten und (Vertriebs-)Manager sind die Digital

---

[58] Vgl. *Dettmers, S.*, Führungskraft (2018).
[59] Vgl. *Aichele, C. und Schönberger, M.*, E-Business (2016), S. 30f.

Natives und Millennials. Zu letzteren gehören alle, die ab dem Jahr 2000 geboren wurden und die, ebenso wie die Digital Natives, mit der Digitalisierung aufgewachsen sind.

5.2. Voice Commerce

Sprach- und Bilderkennungsprogramme werden in Zukunft immer wichtiger. Eine wichtige Entwicklung in dem Bereich ist das Voice Commerce was unter die neuen Voice-Strategien fällt. Unsere Stimme ist die älteste Kommunikationsform der Welt und zukünftig wird das sprachgesteuerte Einkaufen von zentraler Bedeutung sein. Anbieter wie Apple HomePod, Amazon Echo oder Google Home sind nach Siri, Alexa und Co. die Vorreiter in diesem Bereich.

Diese neue Strategie soll die Audio-Identität der Marke sichern. Unabhängig davon, ob als Tonfolge wie bei der Deutschen Telekom, als Slogan wie bei Audi oder ein Sing-Sang wie bei Hornbach. Dies wird die neue Schnittstelle zum Kunden in der Wandlung von mobilen zur akustischen Revolution. Algorithmen sollen die Kundenbedürfnisse erkennen und steuern. In diesem Zusammenhang gewinnt auch die Corporate Language in Unternehmen an Bedeutung und wird neuer Erfolgsfaktor der Kundenbindung. Neue gemischte Teams bestehend aus Marketing und IT werden die Zukunft des Voice Commerce sein. Im Mittelpunkt dieser Entwicklung stehen der Mehrwert und der Kundennutzen, welche regelmäßig nach außen kommuniziert werden sollen.[60]

Das Ziel der Unternehmen wird sein, dass der smarte Lautsprecher die eigene Marke als eines der ersten drei bis fünf Suchergebnisse nennt. Der Grund hierfür ist, dass sich der Konsument nicht mehr als fünf Ergebnisse ansagen lassen wird.[61] Dies führt zu einem Kampf der Unternehmen um diese ersten Plätze bei der Suchergebnisanzeige und um die originellsten und einprägsamsten Voice-Strategien mit einem hohen Wiedererkennungswert. Die größte Herausforderung wird nicht das Funktionieren der sprachgesteuerten Lautsprecher oder ähnlichen Geräten, sondern die Heranführung der Kunden an den Sprachassistenten und die Umstellung auf Voice-Bestellungen ganz einfach von zu Hause aus sein.[62]

---

[60] Vgl. *Bialek, C.*, Digitale Revolution (2019).
[61] Vgl. Ebenda.
[62] Vgl. *Weidemann, T.*, Voice Commerce (2019).

5.3.　CEM und CSM

Das CRM ist nicht mehr genug für ein gutes Kundenmanagement. Der Fokus liegt zukünftig auf dem CEM und dem CSM. Wie der Name schon sagt geht es hierbei einerseits um das Kundenerfahrungsmanagement, bei dem positive Kundenerfahrungen eine emotionale Bindung zum Produkt und zum Unternehmen aufbauen sollen.[63] Andererseits geht es darum den Nutzen und den Mehrwert für den Kunden zu steigern.[64]

Kundenerfahrungen sind ein relevanter Wettbewerbsvorteil und müssen individuelle, allumfassende und gleichartige positive Erfahrungen vom ersten Kontakt bis hin zum After Sales sein.[65] Ziel dieses neuen CEM-Systems ist es dem Kunden individuelle, außergewöhnliche und den Bedürfnissen des Kunden unterstützende Erfahrungen zu bieten und ein Gefühl des Vertrauens zu schaffen.[66] Das schafft neue Standards in Bereichen des Vertriebs, Service und After Sales Service, wie Amazon und Alibaba es schon vorgemacht haben und Vorreiter in den Bereichen sind. In Zukunft sollen diese neuen Standards der Kundenbetreuung und des Kundenerfahrungsmanagements eine Selbstverständlichkeit werden.[67]

Beim CSM geht es um ein System, dass sich an Geschäftsmodelle richtet, bei denen die Umsätze im wiederkehrenden Turnus stattfinden und was einen Einfluss auf die Zusammenarbeit zwischen Unternehmen und Kunde hat. Der Erfolg des Kunden steht hier im Vordergrund und eine positive Customer Journey soll gesichert werden, da erfolgreiche und zufriedene Kunden langfristig dem Unternehmen verbunden bleiben. Um ein erfolgreiches CSM in Zukunft betreiben zu können wird wichtig sein, dass dieses Leitmotiv stets gut nach außen und innen kommuniziert wird. Darüber hinaus muss sichergestellt werden, dass die eigenen Vertriebsmitarbeiter das Prinzip eines erfolgreichen CSM verstehen und somit dem Kunden die richtigen Empfehlungen geben können.[68]

---

[63] Vgl. *Katzgruber, W. und Pförtner, A.,* Sales 4.0 (2017), S. 151.
[64] Vgl. *Berg, C.,* CSM (2017).
[65] *Goebbels, P.,* CEM (2017).
[66] *Katzgruber, W. und Pförtner, A.,* Sales 4.0 (2017), S. 150.
[67] Ebenda, S. 70.
[68] *Berg, C.,* CSM (2017).

5.4. Künstliche Intelligenz

Die Datenflut steigt von Tag zu Tag und diese muss verwertet und brauchbar gemacht werden. In diesem Zusammenhang sind uns bereits Begriffe wie Big Data und Smart Data begegnet. Doch in Zukunft wird das nicht mehr ausreichen. Eine intelligente Software muss her und das mit immer besseren und weiterentwickelnden Algorithmen, die sich dem Zeitgeist und der Dynamik des Wandels anpassen. Kunden-Touchpoints liefern der Künstlichen Intelligenz die entsprechenden Erkenntnisse und eine intelligente Software kann sich die benötigten Daten ziehen, sie verarbeiten und verstehen.[69]

Vertriebsprozesse werden dadurch individueller und personalisierter, die Effizienz des Vertriebs steigt und die Vertriebsmitarbeiter erhalten eine Art Mentor. Ersetzten kann und wird KI den Vertriebsmitarbeiter nicht. Menschliche Interaktion, Empathie und Durchsetzungskraft sind weiterhin von essentieller Bedeutung und im Vertrieb notwendig. Der Weg geht in Richtung virtueller Assistent, der ein digitaler Trainer für den Vertriebsmitarbeiter ist. Er soll ihn führen, entlasten und die Prozesse vorab strukturieren, damit der Mitarbeiter effizienter und gezielter mit den Kunden arbeiten kann und die Kundenbeziehung dadurch verbessert und gestärkt wird.[70]

5.5. Digitaler Zwilling

Aber dies ist nicht nur für den Vertrieb wichtig, auch die Kunden werden die Künstliche Intelligenz in Zukunft von nächster Nähe miterleben. Das Ziel ist die Schaffung eines Digitalen Zwillings für jeden Kunden.[71]

Dieser soll vordenken und schon vorher wissen, was der Konsument benötigt und was er kaufen wird. Algorithmen in Lautsprechern und sonstigen Sprachassistenten sollen Kundenemotionen anhand von ihrem Verhalten und ihren Reaktionen auf Situationen und in Bezug auf Produkte verarbeiten können. Darauf aufbauend können entsprechende Produkte und Dienstleistungen ganz einfach und schnell angeboten werden.[72]

---

[69] *Ramani, V.*, Künstliche Intelligenz (2019).
[70] Ebenda.
[71] *Katzgruber, W. und Pförtner, A.*, Sales 4.0 (2017), S. 32.
[72] *Luber, S. und Litzel, N.*, Big Data (2018).

6.   Fazit

Der klassische Vertrieb ist nahezu ausgestorben. Eine Bearbeitung ohne jegliche Art von Digitalisierung im Vertrieb, sei es durch ein Tool in der Kundenbetreuung oder aber auch durch den neuen Kunden selbst, ist nicht mehr möglich. Die Transformation des Vertriebs ist noch nicht zu Ende und in welche Richtung die Reisen gehen wird kann man nicht genau sagen. Bleibt der Vertrieb auch Vertrieb?

In den letzten 80 Jahren hat sich vieles verändert. Angefangen hat alles mit dem Wirtschaftswunder und der Massenproduktion in den 1940er Jahren und hat sich über die Entwicklung der Informationstechnologien, die Erweiterung der Nachfragemärkte, der großen Transparenz des Internets und der Kunden als Treibende Kraft, bis hin zu einer digitalisierten und globalen Gesellschaft gewandelt. Bei diesem Entwicklungsprozess ist noch kein Ende in Sicht und die Automatisierung und Digitalisierung schreiten weiterhin mit großer Geschwindigkeit voran.

Um diesen Wandel zu ermöglichen, sind viele Faktoren von Nöten. Unter anderem die Führungskräfte und ihr Engagement in der Mitarbeiterförderung und -motivation, bei der Implementierung dieses Change-Prozesses. Denn die neuen und erforderlichen Qualifikationen der Vertriebsmitarbeiter führen zu einem erfolgreichen neuen Vertriebszeitalter. Darüber hinaus sind Instrumente wie das CRM und E-Commerce von großer Wichtigkeit. Die Kunden werden immer mobiler und sind Rund um die Uhr online. Die Einführung des Smartphones hat die Grenzen des Vertriebs verwischt und eine Interaktion in Echtzeit wurde möglich gemacht. Diese Systeme sind für die Pflege einer guten Kundenbeziehung unerlässlich und helfen bei der Kundenbetreuung. Sie erleichtern viele Vertriebsprozesse und ermöglichen eine schnelle Abwicklung von Transaktionen.

Was sich so gut anhört hat nicht nur Chancen und Potentiale, es birgt auch Risiken und Herausforderungen. Fehlinvestitionen stellen das größte Risiko dar. Eine falsche Planung bei der Einführung neuer Systeme und Tools kann die Unternehmen in den finanziellen Ruin treiben. Damit die neuen Systeme effektiv arbeiten können sind Daten in guter Qualität sehr wichtig. Sind Dantesätze veraltet oder schlecht gepflegt kann das zu Schwierigkeiten in der Verarbeitung führen und hemmt somit die Funktion der Systeme. Neue Gesetzte wie das neue Datenschutzgesetz vom Mai 2018 erschweren die Datenverarbeitung und Datenschutzbeauftrage werden in den Unternehmen benötigt, um Verstöße und somit empfindliche Strafen zu verhindern. Im Vertrieb dreht sich alles um den Kunden. Aber genau da laufen die Unternehmen

Gefahr, dass sie den persönlichen Kundenkontakt verlieren. Hier muss dementsprechend eingegriffen werden, denn aktive Kontaktierungsprozesse und ein guter After-Sales-Prozess können die Kunden sehr positiv beeinflussen. Diese Maßnahmen führen zu positiven Bewertungen und zufriedenen Kunden. Die Risiken sollen aber den Erfolg der Digitalisierung im Vertrieb nicht trüben. Denn was dadurch geschaffen wird ist viel wertvoller und die Risiken und Herausforderungen können mit gezielter Planung und den entsprechenden Maßnahmen um ein Vielfaches verringert werden.

Viel Wichtiger sind die Chancen und Potentiale, die sich daraus ergeben. Der Vertrieb kann deutlich flexibler arbeiten. Nicht nur die Vertriebsmitarbeiter sind in der Gestaltung ihres Arbeitstages freier, aber auch die bessere Datenverarbeitung ermöglicht ein flexibleres und schnelleres Reagieren auf Kundenwünsche. Termine und Routen der Außendienstler können in Echtzeit optimiert werden und eine Bearbeitung von Angeboten und Problemlösung vor Ort beim Kunden werden ermöglicht. Neue auf den Kunden zugeschnittene Kanäle, wie z. B. soziale Medien, Influencer oder Vergleichsportale bieten neue und zusätzliche Touchpoints. Damit werden neue Kundenpotentiale geschaffen und die Unternehmen können neue Kunden gewinnen. Mit der Digitalisierung entstehen neue Aufgabenfelder für die Vertriebsmitarbeiter, die die Notwendigkeit zur Weiterentwicklung und einer neuen Qualifizierung erfordern.

Diese Tools, Systeme und Faktoren dürfen in ihrer Entwicklung nicht stehen bleiben. Sie müssen weiterentwickelt werden und müssen sich der Dynamik und den sich ständig wandelnden Anforderungen der Konsumenten anpassen. Die ersten Schritte in diese Richtung wurden bereits mit den CEM und CSM getan. Ebenso im Bereich des Voice Commerce wird viel investiert, Amazon Echo und Google Home haben es schon vorgemacht: Die Zukunft des Einkaufens wird sprachgesteuert sein. Die Unternehmen setzten hier zukünftig auf Voice Strategien mit Wiedererkennungswert.

Aber woran kann festgemacht werden, was zu Marketingmaßnahmen gehört und was noch zum Vertrieb und der Kundenbetreuung? Was aussieht wie eine Maßnahme vom Kundenbeziehungsmanagement gehört laut Theorie zum Marketing. Es scheint, dass Vertrieb und Marketing immer stärker zusammenwachsen werden, bis sie letztendlich verschmelzen und zu einem Bereich werden. Hier könnten neue Methoden und Abläufe erarbeitet werden, um die Effizienz weiter zu steigern. Zukünftige Arbeiten sollten hier ansetzen, um neue Wege des Vertriebs und Marketings für die Zukunft aufzutun.

7. Literaturverzeichnis

Aichele, Christian, Schönberger, Marius (E-Business, 2016): E-Business: Eine Übersicht für erfolgreiches B2B und B2C, Wiesbaden, 2016

Binckebanck, Lars (Technologien, 2015): Digital Sales Excellence – Systematischer Einsatz neuer Technologien im Vertrieb *In: Marketing Review St. Gallen*, Ausgabe 06/2015, 2015, S. 44–52

Böcker, Jens (Customer Journey, 2015): Die Customer Journey – Chance für mehr Kundennähe, in: *Deutscher Dialogmarketing Verband e.V. (Hrsg): Dialogmarketing Perspektiven 2014/2015*, Wiesbaden, 2015, S. 166–177

Boeck, Josef (Vertrieb, 2018): Verzahnung von personalem und digitalem Vertrieb *In: Sales Excellence*, Ausgabe 05/2018, 2018, S. 10–15

Bundesverband Deutscher Unternehmensberater e.V. (Führung, o.J.): Führung in Zeiten der Digitalisierung, Bonn, o.J.

Deutscher Dialogmarketing Verband e.V. (Hrsg) (Dialogmarketing, 2015): Dialogmarketing Perspektiven 2014/2015, Wiesbaden, 2015

Elste, Rainer, Binckebanck, Lars (Digitalisierung, 2017): Wandel im Vertrieb durch Digitalisierung, in: *Hildebrandt, Alexandra und Landhäußer, Werner (Hrsg): CSR und Digitalisierung*, Berlin, 2017, S. 909–926

Gebhardt, Christian, Handschuh, Martin (Digitalisierung, 2016): Wie die Digitalisierung den B2B-Vertrieb verändert *In: Sales Management Review*, Ausgabe 01/2016, 2016, S. 44–55

Hanning, Uwe (Datenqualität, 2019): Marketing und Vertrieb im digitalen Nirgendwo *In: Sales Excellence*, Ausgabe 03/2019, 2019, S. 40–43

Helmke, Jan (E-Commerce, 2017): Electronic Commerce – ein Merkmal zur kundenorientierten Gestaltung unternehmensweiter Informationssysteme, in: *Helmke, Stefan u.a. (Hrsg): Effektives Customer Relationship Management: Instrumente - Einführungskonzepte - Organisation*, Wiesbaden, 2017, S. 219–227

Helmke, Stefan u.a. (Hrsg) (Effektives Customer Relationship Management, 2017): Effektives Customer Relationship Management: Instrumente - Einführungskonzepte - Organisation, 6, 2017

Helmke, Stefan u.a. (Grundlagen, 2017): Grundlagen und Ziele des CRM Ansatzes, in: *Helmke, Stefan u.a. (Hrsg): Effektives Customer Relationship Management: Instrumente - Einführungskonzepte - Organisation*, 6, 2017

Hildebrandt, Alwxandra und Landhäußer, Werner (Hrsg) (Digitalisierung, 2017): CSR und Digitalisierung, Berlin, 2017

Katzgruber, Werner, Pförtner, Andreas (Sales 4.0, 2017): Sales 4.0, Weinheim, 2017

Roland Berger GmbH (Zukunft, 2015): Die digitale Zukunft des B2B-Vertriebs, 2015

Ruske, Nick (Digitalisierung, 2019): Digitalisierung im Vertrieb, 2019

Sieber, Sigrid (Datenmangement, 2018): Mit gutem Datenmanagement im Vertrieb profitieren *In: Sales Excellence*, Ausgabe 12/2018, 2018, S. 32–34

Ternès, Anabel (Kunde 4.0, 2018): Der Kunde ist tot, es lebe der Kunde 4.0! *In: Sales Excellence*, Ausgabe 03/2018, 2018, S. 38–41

Ternès, Anabel (Digitalisierung, 2018): Auch der Kunde ist digitalisiert! *In: Sales Excellence*, Ausgabe 12/2018, 2018, S. 20–22

8. Verzeichnis der Internetquellen

Atiker, Ömer (Zukunft, 2017): Wie wir in Zukunft Geschäfte machen, URL: https://www.vertriebsmanager.de/ressort/vertrieb-zukunft-arbeitsweise, abgerufen am 14.06.2019

Berg, Christian (CSM, 2017): Was ist Customer Success Management (CSM)? » Growth Europe, 2017, URL: https://www.growtheurope.com/de/blog/was-ist-customer-success-management/, abgerufen am 09.07.2019

Bialek, Catrin (Digitale Revolution, 2019): Digitale Revolution: Warum Marken in Zukunft eine Stimme brauchen, URL: https://www.handelsblatt.com/technik/digitale-revolution/digitale-revolution-warum-marken-in-zukunft-eine-stimme-brauchen/24361324.html, abgerufen am 29.06.2019

Bott, Georgina (CRM, 2019): Was ist CRM? Definition, Strategien und Beispiele im B2B Marketing, URL: https://www.marconomy.de/was-ist-crm-definition-strategien-und-beispiele-im-b2b-marketing-a-803956/, abgerufen am 11.06.2019

Dettmers, Sebastian (Führungskraft, 2018): Digitalisierung klappt nur mit der richtigen Führungskraft, URL: https://www.humanresourcesmanager.de/ news/digitalisierung-richtige-fuehrungskraft.html, abgerufen am 23.06.2019

Digital Sales (E-Commerce, 2017): E-Commerce – Definition und Vertrieb, 2017, URL: https://www.digital-sales.de/e-commerce/, abgerufen am 01.07.2019

Goebbels, Pauline (CEM, 2017): Customer Experience Management (CEM): In 7 Schritten zum Erfolg, URL: https://www.honestly.de/blog/customer-experience-management/, abgerufen am 09.07.2019

Hoffmann, Daniela (Digitalisierung, 2017): Siemens: „Digitalisierung ist Chefsache", URL: https://www.produktion.de/wirtschaft/siemens-digitalisierung-ist-chef-sache-225.html, abgerufen am 12.05.2019

Lässig, Ralph (B2B-Vertrieb, 2015): B2B-Vertrieb: Ohne digitale Kanäle geht es nicht, URL: http://www.absatzwirtschaft.de/b2b-vertrieb-ohne-digitale-kanaele-geht-es-nicht-67329/, abgerufen am 12.05.2019

Luber, Stefan, Litzel, Nico (Big Data, 2018): Was ist ein Digitaler Zwilling?, URL: https://www.bigdata-insider.de/was-ist-ein-digitaler-zwilling-a-728547/, abgerufen am 19.06.2019

Marotz, Martin (Herausforderung, 2017): Vertrieb 4.0 – die digitale Herausforderung, URL: https://www.unternehmer-impulse.de/start/item/vertrieb-4-0-die-digitale-herausforderung, abgerufen am 12.05.2019

Pflug, Karlheinz (Vertrieb 4.0, o. J.): Vertrieb 4.0, URL: https://www.vertriebslexi-kon.de/vertrieb-4.0.html, abgerufen am 12.05.2019

Postbank (Digitalstudie, 2018): Deutsche pro Woche fünf Stunden länger im Netz als im Büro, URL: https://www.postbank.de/postbank/pr_presseinforma-tion_2018_06_18_deutsche_pro_woche_fuenf_stunden_laenger_im_netz_als_im_buero.html, abgerufen am 12.05.2019

Ramani, Vinay (Künstliche Intelligenz, 2019): Künstliche Intelligenz hebt den Vertrieb auf ein neues Level, URL: https://www.vertriebsmanager.de/ressort/kuenstli-che-intelligenz-hebt-den-vertrieb-auf-ein-neues-level-409759399, abgerufen am 09.07.2019

Schmidt, Thomas (Reise, 2017): Wo die Reise des Kunden hingeht, URL: https://www.vertriebsmanager.de/ressort/customer-journey-vertrieb, abgerufen am 12.05.2019

Stelz, Holger (B2B, 2019): Das ändert sich im B2B mit der EU-DSGVO, URL: https://www.marconomy.de/das-aendert-sich-im-b2b-mit-der-eu-dsgvo-a-610439/, abgerufen am 11.06.2019

Weidemann, Tobias (Voice Commerce, 2019): Voice Commerce - nur ein Hype oder das nächste große Ding?, URL: https://dmexco.com/de/stories/voice-commerce-nur-ein-hype-oder-das-naechste-grosse-ding/, abgerufen am 29.06.2019

Anhang

Anhang 1: Experteninterview mit Vertriebscoach Nick Ruske zum Thema Digitalisierung im Vertrieb

Datum und Uhrzeit: 11.06.2019, 14:00 Uhr

Dauer des Interviews: 1 Stunde, 30 Minuten

Aufnahmeort: HiPo Executive GmbH, Theatinerstraße 16, 80331 München

Name des Interviewten: Nick Ruske = R

Name des Interviewers: Jakob Stähle = S

Kurzbeschreibung: Experteninterview zwischen S und R zum Thema Digitalisierung im Vertrieb. Insgesamt 7 Fragen.

S: Hallo Nick, danke, dass du dir die Zeit nimmst, uns bei unserer Arbeit zu unterstützen. Wie ich dir bereits kurz erläutert hatte, geht es bei unserer Arbeit um die Digitalisierung des Vertriebs in der Arbeitswelt 4.0. Du, als Vertriebscoach kannst uns bestimmt tolle Einblicke bieten.

R: Danke auch an euch, dass ihr bei diesem spannenden Thema an mich gedacht habt.

S: Als Coach musst du dich ja immer mit den neusten Tricks und Kniffen auseinandersetzen. Wenn du an unser Thema denkst, was verstehst du unter Digitalisierung im Vertrieb?

R: Digitalisierung im Vertrieb heißt für mich, die Neukundengewinnung so zu gestalten, dass der gesamte Prozess von der Ansprache bis zum Abschluss und darüber hinaus, also After Sales und Onboarding, komplett individuell und so einfach wie möglich gestaltet wird. Der Kunde will es einfach und er will Zeit sparen und wir als Verkäufer müssen es dem Kunden einfach machen. Sie wünschen sich individuelle Betreuung und Einfachheit, grob gesagt. Die Digitalisierung soll darüber hinaus auch die Prozesse optimieren, automatisieren und effizienter machen.

S: Vor dem Hintergrund der Onlinezeiten der jüngeren Generation, denkst du, dass sich das Kundenverhalten geändert hat?

R: Ja, absolut. Man muss den Bedarf des Kunden heutzutage immer besser kennen, da er sich selbst informiert und vergleicht. Wer den Bedarf des Kunden nicht gut genug recherchiert und eine entsprechende Lösung platziert, wird gegen den

Wettbewerber verlieren. Das Produkt, welches der Kunde leichter im Internet findet, wird meist auch gekauft, auch wenn es nicht die beste Wahl ist. Er will seine Bedürfnisse schnell befriedigt haben. Auch ist die Bereitschaft des Kunden, seine Erfahrungen online zu teilen ist gestiegen.

S: Wo siehst du die Hauptaufgaben des Vertriebs in einer digital vernetzten Welt?

R: Natürlich das Thema Datenschutz. Es muss transparent sein, wo die Daten gespeichert werden und ob die Daten des Kunden bei Bedarf auch komplett gelöscht werden können. Auch wer Zugriff auf die Daten hat muss klar sein. Um den Kunden zur Kaufentscheidung zu bewegen muss das Retargeting optimiert werden, sonst verlieret man ihn. Die Führungskräfte müssen ihre Mitarbeiter weiterentwickeln, damit sie performen können. After-Sales Kontakte zur Kundenbindung bleiben ein wichtiger Faktor. Der persönliche Kontakt ist immer noch ungemein wichtig hierfür. Wen man den verliert, verliert man den Kunden. Dazu gehört auch ein aktives Beschwerdehandling, damit es nicht zu negativen Bewertungen im Internet kommt

S: Welche Potentiale kann es denn bieten?

R: Up- und Cross-Selling durch Smart Data birgt große Potentiale, Amazon ist hier meiner Meinung das Paradebeispiel. Aufgrund der gesammelten Daten über uns zeigt Amazon uns Produkte, welche uns interessieren können. Aber auch eine Effizienzsteigerung durch Routenoptimierung des Außendienstlers oder Aufnahme von Kundendaten direkt vor Ort und eine zeitnahe Angebotserstellung direkt beim Kunden.

S: Softwarelösungen gibt es ja bereits viele, welche Hauptaufgaben soll ein gutes CRM System deiner Meinung nach erfüllen?

R: CRM ist unheimlich wichtig. Du musst direkt beim Kunden damit arbeiten können, Daten aufnehmen, Angebote erstellen und Verträge unterschreiben. Wichtig ist auch, dass es einfach zu pflegen ist und einen entsprechenden Track-Record der Kontakte bieten muss. Intelligente CRM können die Daten so aufarbeiten, dass du beim Kunden anhand der Daten weitere Produkte angezeigt bekommst, die du hinterherschieben kannst.

S: Kann ein gutes CRM einen Vertriebler ersetzen?

R: Die Digitalisierung wird Arbeitskräfte nicht unbedingt einsparen, sondern meiner Meinung nach eher zu einer Verschiebung des Aufgabenfeldes der Mitarbeiter führen. Hier sind die Führungskräfte gefordert, ihre Mitarbeiter dahingehend weiter zu entwickeln.

S: Danke dir bis hierher, du hast uns einiges an Input geben können. Im Rahmen unserer Seminararbeit werden wir deine Antworten auf unsere Fragen auswerten und in unsere Arbeit einfließen lassen. Gerne stellen wir dir auch das Ergebnis zur Verfügung, wenn du das wünscht.

Bevor wir uns verabschieden vielleicht noch eine abschließende Frage, wie stellst du dir den Vertreib der nächsten Generation vor?

R: Ich glaube, dass die individuelle Kundenbetreuung noch mal stärker in den Fokus gerückt wird. Der Trend zeichnet sich beispielsweise bei Amazon bereits durch automatisierte Produktempfehlungen ab. Ich gehe davon aus, dass zukünftig Algorithmen uns noch weiter unterstützen und entscheiden, was für den Kunden interessant ist. Auch liegt die Zukunft online, vor Ort Termine werden immer weniger werden.

S: Danke dir für deine Zeit und bis bald.

R: Sehr gerne und ich wünsche euch viel Erfolg.

BEI GRIN MACHT SICH IHR
WISSEN BEZAHLT

- Wir veröffentlichen Ihre Hausarbeit,
  Bachelor- und Masterarbeit

- Ihr eigenes eBook und Buch -
  weltweit in allen wichtigen Shops

- Verdienen Sie an jedem Verkauf

Jetzt bei www.GRIN.com hochladen
und kostenlos publizieren

GRIN ☺